Eva Marie Kühn

LYRISCHE ERGÜSSE

Band 1

2022

Vorwort

Es freut mich sehr,
dass dieser kleine Gedicht-Band,
zu dir gefunden hat.
Genieße die humorvollen,
aber auch nachdenklichen Verse.

Alle Reime sind im Jahr 2022
meist aus einer kreativen Laune am Morgen
heraus, entstanden und
in eine Instagram-Story gepackt worden.
Die Gedichte wurden nicht nach Themen sortiert,
sondern stehen in chronologischer Reihenfolge.
Ebenfalls habe ich meistens aus
ästhetischem Aspekt auf Satzzeichen verzichtet.

In diesem Jahr habe ich einige Höhen und Tiefen durchlebt,
die ich dann durch Dichtung besser verarbeiten konnte.
Ob es Liebeskummer, Gerichtsverhandlungen,
Sorge ums eigene Kind oder
zerbrochene Freundschaften waren.
All das habe ich in Form von Gedichten,
wenn auch nicht identisch mit dem Inhalt der Texte,
verarbeitet und mich dadurch befreit gefühlt.

Es wird nun jedes Jahr einen Gedicht-Band von mir geben.
Je nachdem wie viele Gedichte es werden,
eventuell sogar mehrere Bände pro Jahr.

Ich wünsche dir viel Freude beim Lesen.

Eva

Inhaltsverzeichnis

Bindungsangst 7

Vögel 9

Lotterlebenslust 11

Mond 13

Dauerlauf 15

Bis zu den Sternen 17

Genug 19

Sonne 21

Mund 23

Heute 25

Pupsegal 27

Herbst 29

Katzeneis 31

Steuerzahler 33

Für immer wach 35

Standardmädel 37

Gespräch mit einem Buckelwal 39

Gespräch mit einem Aal 41

Hirsch 43

Möwenkind 45

Pullover 47

Blumenstrauß 49

Bindungsangst.

Und dann drehst du dich im Kreis
Und weißt dass der alte Scheiß
Immer wieder kommt und prommt
Bist du der Mensch
Der du immer warst
Und du weißt
Dass du das darfst
Aber du willst es gar nicht mehr
Und fühlst dich innerlich so leer

Und fragst dich
Wann du Frieden findest
Wann du dich wieder emotional bindest

Vögel.

Drei Vögel singen gerne
Ihr Lied in weiter Ferne
Doch kommt ein Jäger mal vorbei
Hört man nur noch zwei

Lotterlebenslust.

Auf wundersame Weise
Zieht eine Möwe ihre Kreise
Als ob ihr Tag nie endet
Und sie schon fast
Wie verschwendend
Mit ihrer Zeit um sich schmeißt
Was mich innerlich zerreißt

Voller Neid in meiner Brust
Packt mich die Lotterlebenslust

Mond.

Guten Abend lieber Mond
Sitzt heute ganz schön aufgethront
Gigantisch streifst du seicht die Kronen
Der Bäume und Wälder
In denen sie wohnen
Die Geister
Die ich spüren kann
Die mich verzaubern
Dann und wann
Und ach
Was tät ich für dein Strahlen
Ich würd´s mit meinem Leben zahlen

Dauerlauf.

Bin heut vorm Klingeln aufgewacht
Und hab mir innerlich gedacht
Wie gut das Leben zu mir war
Wie schön und reich
Wie warm und klar
Mit Höhen
Tiefen
Leid und Freud
Es regelmäßig Liebe streut

Oh liebes Leben
Danke dir
Du bist immer so gut zu mir
Ein Auf und Ab im Dauerlauf
Hör bitte niemals damit auf

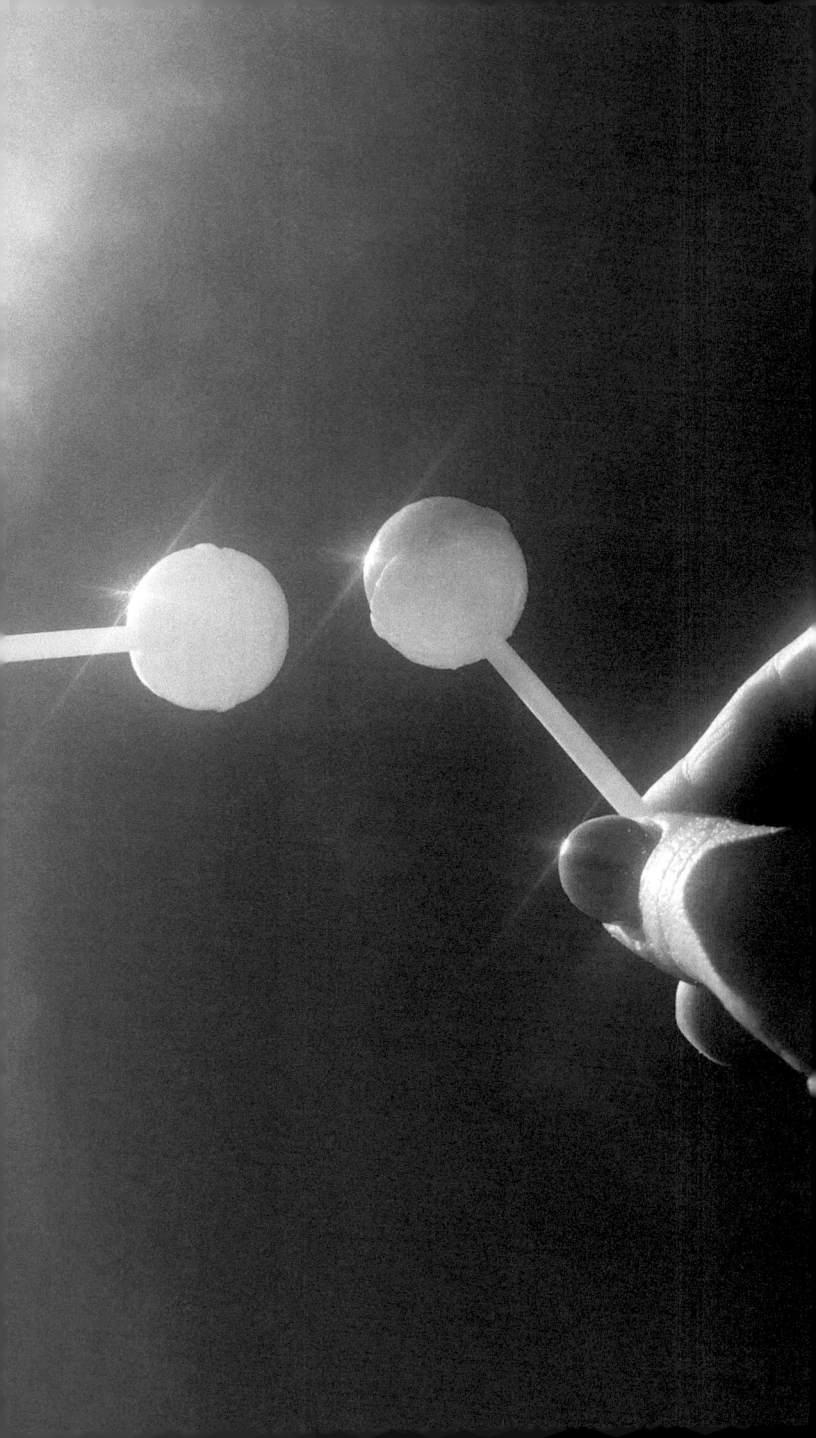

Bis zu den Sternen.

Und wir haben dieses Band
Habs damals nicht sofort erkannt
Musste dich erst kennenlernen
Gefühle zulassen
Das Ego bekehren

Ich liebe dich bis zu den Sternen
Und immer dreimal mehr
Weiß heute schon genau
Dich gehen zu lassen
Fällt tausend Mal schwer

Genug.

Wenn du dich mal selbst nicht magst
Und dich mit doofen Gedanken plagst
Denke immer stets daran
Du kannst irgendwas
Was niemand sonst kann

Bestimmt so ähnlich oder ziemlich nah dran
Aber keiner macht´s genau wie du

Du bist und bleibst ein Unikat
Drum nimm hier diesen guten Rat:

Liebe und Mut
Steht dir besser als nur gut

Sei wie du bist und bleib dabei
Erst dann fühlst du dich wirklich frei

Du bist genug.

Sonne.

Warm bis heiß auf meiner Haut
Schwitzig nass machst du das Haar
Hab ich in dich reingeschaut
Jetzt seh ich nichts aber denke klar

Mund.

Donner und Doria
Jetzt wird mir alles erstmal klar
Auf der Suche nach DIR
Begegne ich MIR
Verliebe mich neu
Bleibe mir treu

Verbringe mit mir Stunden
Fühle mich mir selbst verbunden

Muss Niemandem gefallen
Brauchte Zeit das endlich zu schnallen

Und trotzdem:
Es ist im Leben nunmal so
Wenn ich mich küsse - irgendwo
Ersetzt das niemals einen Mund
Und ich vermisse Stund um Stund
Einen warmen starken Mann
An den ich mich mal lehnen kann

Heute.

Heute wird ein schöner Tag
Einer den ich gerne mag
Mit Liebe
Mut
Und Heiterkeit
Bin ich zu Schandtaten bereit

Ja heute wird ein schöner Tag
Einer den ich wirklich mag
Ich glaube heute wird sogar
Viel schöner noch als gestern war

Pupsegal.

Genau das ist es was ich fühle
Ich hasse diese Leere und Kühle
Die du ausstrahlst wenn ich dich seh
Das tut mir immernoch sehr weh

Wahnsinn dass ich dich mal geliebt
Eine Person die es nicht gibt
´Ne Illusion die ich selbst erdacht
Was hat mich da so blind gemacht

Ich konnte dich nie richtig sehen
Und deinem Schein nicht widerstehen

Doch irgendwann da kommt der Tag
Ich hoff ich lieg dann nicht im Sarg
Bist du mir richtig pupsegal
Und ich verlier den Hass dann mal

Herbst.

Der Herbst ist da
Ich kann ihn riechen
Zeit unter meine Decke zu kriechen

Ich mag das Wetter nur so mäßig
Und so viele Klamotten tragen ist stressig

Drum grabe ich mich ein und sach
Küss mich im Frühling wieder wach

Katzeneis.

Sowas sagt man ja nicht laut
Denkts nur leise in der Stille
Am Bauch schmeckst du nach Karamell
Und am Kinn wohl nach Vanille

Steuerzahler.

Liebe hin
Liebe her
Liebe ist nicht schwer

Wenn ich mir einrede dass sie es ist
Mich ständig frage wo DU bist
Verklebt der Zugang zu meinem Herzen
Bereitet Kummer
Sorgen
Schmerzen

Deshalb lasse ich DICH los
Leg meine Hände auf den Schoß
Mach mir ´nen Kaffee und rauche eine
Rasier mir gründlich meine Beine
Setz mich zuhause auf mein Sofa
Und merk erst später dass das doof war

Denn eins kann ich beteuern
Und darauf zahl ich gerne Steuern:

Die Liebe klopft nicht an die Tür
denn dafür

Musst du schon rausgehn´ in die Welt
Und tun und lassen, was dir gefällt.

Damit man dich auch finden kann.
Worauf wartest du noch, man

Für immer wach.

Augenringe
Kurze Nacht
Du hast mich um den Schlaf gebracht
Nichts tät ich lieber
Mit dir schreiben
Und für immer wach zu bleiben

Standardmädel.

Zu viel Nachdenken ist keine Tugend
Das quält mich schon seit meiner Jugend
Manchmal wünscht ich dumm zu sein
Und wirklich alles los zu sein

Keine Sorgen
Keine Ängste
Kein Leid
Kein Neid
Kein „Und, was denkste?"

Nur Stille in dem Riesenschädel -
Ein ganz normales Standardmädel

Gespräch mit einem Buckelwal.

Hab eben einen Buckelwal
Zum allerallerersten Mal
Getroffen
Dann haben wir einen gesoffen

Er erzählte mir von sich
Und erwähnte - fast beiläufig
Wie leicht das Leben für ihn ist
Und das er diesen ganzen Mist
Schon lange bei uns Menschen sieht
Was um uns alles schief geschieht

Was wir da machen fragte er nur
Und da antwortete ich stur:

Wir versuchen mit Ach und Krach gut zu sein
Und er dann wieder: NEIN!

Jeder weiß doch lieber Fred
Das Gutsein ganz ganz anders geht

Und wenn du innerlich verkrampfst
Und nur mit Druck durchs Leben stampfst
Dann bleibt dir kaum was Gutes über
Und das Glück es zieht vorrüber

Recht hat er dieser Buckelwal
Drum frag ich morgen mal ´nen Aal

Denn mit der Wahrheit kann ich nich um
Da ärger ich mich schief und krumm

Gespräch mit einem Aal.

Fazit vom Gespräch mit dem Aal:
Er ist wie der Buckelwal

Man man man

Das man hier nicht mal in Ruhe
Doof sein kann

Hirsch.

Es röhrt der Hirsch zum Morgengruß:
Zum Mittag gibt es Apfelmus

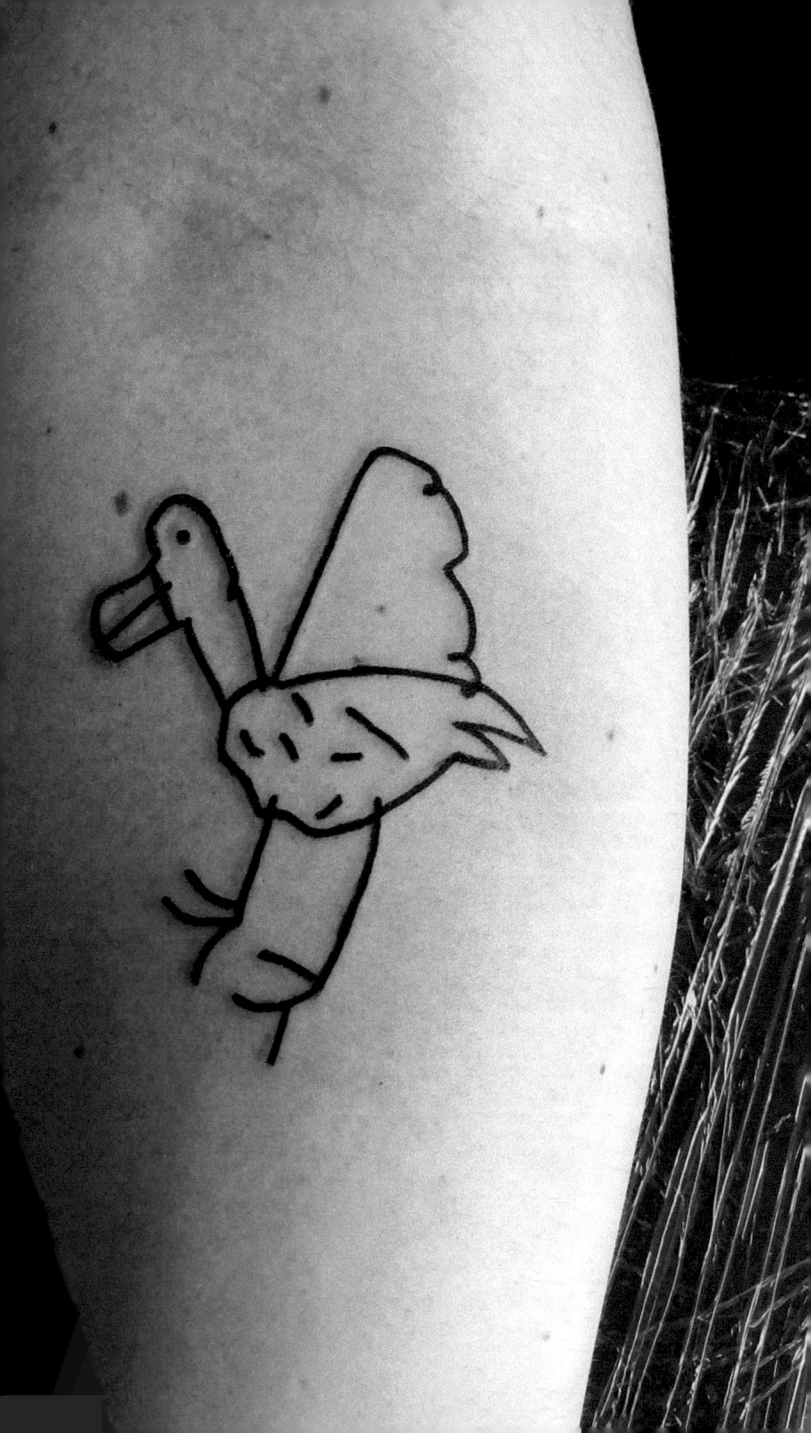

Möwenkind.

Kleine Möwe saus geschwind
Und fliege durch den Morgenwind
Duftet herrlich nach Karotten
Gönn dir 20 Kieler Sprotten

Kreische
Tanze
Singe Lieder
Von Liebe
Glück
Und immer wieder
Denk zurück an das was war
Und danach wird dir wieder klar
Dass du schon längst gewachsen bist
Du groß und alles kleiner ist

Sorgen
Nöte
Alles klein
So solls dein ganzes Leben sein

Pullover.

Wie ein Pullover wärmst du mich
Und ich ziehe dich
Niemals wieder aus

Blumenstrauß.

Das Leben ist ein Blumenstrauß
Doch lebend kommst du da nicht raus

Impressum

1. Auflage Januar 2023

Autorin / Fotografin / Herausgeberin:
© 2023 Eva Marie Kühn
Frechfisch Illustration & Malerei
www.frechfisch.de

Herstellung und Verlag: BoD – Books
on Demand, Norderstedt

ISBN: 978-3-73472206-6

Über die Autorin

Eva Marie Kühn ist am 24.12.1988 in der Kleinstadt Bützow, in Mecklenburg-Vorpommern geboren.
Als Tochter einer Zahnärztin und eines Landmaschinen-Vertreters hatte sie gemeinsam mit ihrem älteren Bruder eine erfüllte und behütete Kindheit.
Ihr Talent für das Schreiben, Malen und Singen wurde früh gefördert. Nach dem Abitur 2008 machte Eva Marie bis 2011 eine Ausbildung zur Grafik-Designerin/Illustratorin an der heutigen Designakademie in Rostock.
Nach ein paar Jahren des Umherirrens auf dem Arbeitsmarkt, als Verkäuferin oder Tätowiererin fand sie jedoch wieder zurück zu ihrer Bestimmung - dem Illustrieren.
Seit 2013 ist sie als „Frechfisch Illustration" für Endkunden, Geschäftskunden oder für eigene Projekte kreativ.
Im Jahr 2015 bekam sie eine Tochter und verfolgt seither den großen Traum Bestseller Kinderbuch-Illustratorin und -Autorin zu werden noch akribischer.
Auf ihrem Instagram Profil kann man aktuelle Projekte mitverfolgen oder die neuesten Poster-Designs aus ihrem Spreadshop entdecken. Folge ihr auf Instagram um Gedichtband No.2 und mehr ihrer Kreativarbeit nicht zu verpassen. @frechfisch.illustration